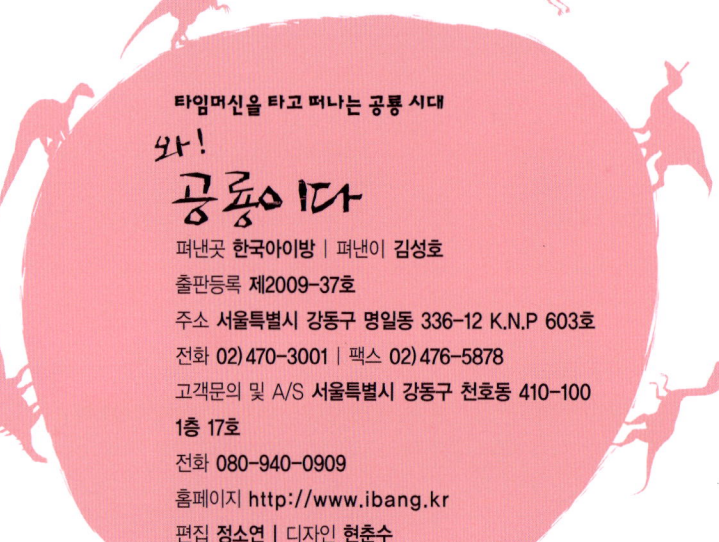

타임머신을 타고 떠나는 공룡 시대

와! 공룡이다

펴낸곳 한국아이방 | **펴낸이** 김성호
출판등록 제2009-37호
주소 서울특별시 강동구 명일동 336-12 K.N.P 603호
전화 02) 470-3001 | 팩스 02) 476-5878
고객문의 및 A/S 서울특별시 강동구 천호동 410-100
1층 17호
전화 080-940-0909
홈페이지 http://www.ibang.kr
편집 정소연 | 디자인 현춘수
인쇄 · 제본 영림인쇄

《와! 공룡이다》 판권 표기
본 도서는 Ck 에이젠시를 통하여 미야자키 카로우와의 저작권 계약에 의하여 한국 아이방에서 독점 출판하였습니다.
본사의 동의 없이 내용의 일부 또는 전부에 대한 무단 전재 및 복제를 금합니다. 잘못 만들어진 책은 교환하여 드립니다.

주의 : 본 교재를 던지거나 떨어뜨리면 다칠 우려가 있으니 주의하십시오.
  고온 다습한 장소나 직사광선이 닿는 장소에는 보관을 피해 주십시오.

와! 공룡이다

글·그림 | 미야자키 카로우

- **이 름** : 사우롤로푸스 Saurolophus
- **학 명** : 볏이 있는 도마뱀
- **시 대** : 백악기 후기
- **지 역** : 아시아, 북아메리카
- **식 성** : 초식
- **크 기** : 몸길이 약 9~13m
- **체 중** : 약 4~6t
- **분 류** : 조반목 하드로사우루스 과

볏으로 소리내요
사우롤로푸스

사우롤로푸스의 머리에는 볏이 있어요.
머리 꼭대기에 나 있는 볏처럼 생긴 이 돌기는
콧구멍까지 연결돼 있어요. 볏은 뼈로 돼 있고,
약 15센티미터 정도 돼요.
그러나 파라사우롤로푸스의 볏보다는 많이 작아요.

사우롤로푸스는 이 볏을 부풀려서 소리를 내어 짝을 찾거나
적의 공격 등 위험한 상황을 친구들에게 알렸어요.
입은 부리 모양으로 오리 주둥이를 닮았고, 이빨 대신
수백 개의 이빨이 모인 치판으로 식물을 잘게 씹어 먹을 수 있었어요.

볏
코 윗부분에 볏과 같은 돌기가 있고 이것이 비강과 연결되어 있다.

꼬리
꼬리로 몸의 균형을 유지했다.

뒷다리
뒷다리의 근육은 매우 발달했다.

사우롤로푸스는 몸길이 13미터, 몸무게는 6톤으로
초식 공룡 중에서 몸집이 큰 편에 속해요.
앞발 발가락 사이에는 물갈퀴 모양의 막이 있어서
물속에서도 살았을 거라고 말하기도 해요.

조금 더 알아봐요

우리나라의 공룡 화석 유적지

지금까지 우리나라에서 발견된 공룡 화석은 여러 가지예요. 가장 많이 발견된 것은 공룡 발자국이지요. 그 밖에도 이빨, 발톱, 알, 심지어 분(똥)까지 발견됐어요. 고성은 세계적인 공룡 화석 유적지로 평가받고 있고, 그 밖에도 공룡 화석 유적지는 해남·마산·여수·의성·울산·화순 등 전라도와 경상도에 주로 퍼져 있어요.

사우롤로푸스가 공룡 알을 잃어버렸어요.

사우롤로푸스들은 용암이 있는 곳까지 알들을 찾아 나섰어요.

하지만 공룡 알은 오비랍토르가 훔쳐 간 거였어요.

아기 공룡은 사우롤로푸스를 도와주자고 했어요.

사우롤로푸스는 백악기 후기, 몽골의 고비 사막에서 주로 살았어요. 공룡 시대에는 고비 사막이 늪과 물가가 많고 식물이 우거진 살기 좋은 곳이었거든요. 공룡들은 그곳에서 실컷 먹이를 먹으면서 평화롭게 지냈어요. 육식 공룡의 공격만 없었다면 더 좋았겠지요.

이름 : 오비랍토르 Oviraptor
학명 : 알 도둑
시대 : 백악기 후기
지역 : 아시아
식성 : 잡식
크기 : 몸길이 약 1.5~3m
체중 : 약 20~40kg
분류 : 용반목 수각아목 오비랍토르 과

발빠른 알도둑
오비랍토르

오비랍토르는 알 도둑으로 유명해요.
공룡들이 힘들게 알을 낳아 놓으면 살살 다가와
날씬하고 긴 다리로 잽싸게 훔쳐 가서는
"냠냠!" 맛있게 먹었답니다.

오비랍토르는 아주 작은 공룡이에요.
몸길이는 커 봐야 3미터이고, 몸무게도 36킬로그램 정도예요.
웬만한 사람보다 가벼웠지요. 잡식성이었기 때문에
특히 쉽게 얻을 수 있는 다른 공룡의 알을 좋아했어요.

얼굴

고리 모양의 뼈로 둘러싸인 커다란 눈과 앞뒤로 납작한 두개골을 가지고 있었고 시각이 발달했다.

턱

턱에는 이빨이 없는 대신 부리와 같은 각질로 덮어 있었다.

앞발

앞다리는 길고 가늘었으며 발가락도 아주 길었다. 날카로운 발톱이 있어 먹이를 쥐거나 찢기에 적합했다.

꼬리

꼬리는 몸 전체의 반이나 차지했고, 꼬리 끝 부분으로 갈수록 점점 가늘었으며 매우 유연하여 달릴 때 몸의 균형을 유지하거나 적의 공격을 방어하는 역할을 하기도 했다.

뒷다리

뒷다리는 길고 튼튼하며 잘 발달되어 빨리 달릴 수 있었다.

오비랍토르는 시각이 발달해서 사물을 입체적으로 볼 수 있었어요.
덕분에 숨겨진 공룡 알도 잘 찾아냈지요.
이빨은 없었지만 부리와 같이 각질로 덮힌 딱딱한 턱이 있어서
알을 먹기에 적당했어요.

조금 더 알아봐요

우리나라의 공룡
우리나라에는 공룡이 백악기에 가장 번성하였다. 우리나라의 공룡으로 세계적으로 널리 알려진 것은 울트라사우루스와 데이노니쿠스, 이구아노돈 등이 있다.

오비랍토르는 하루 종일 알을 찾아다녔겠지요?
알을 찾지 못하면 식물도 먹고, 이것저것 닥치는 대로
먹을 수밖에 없었을 거예요. 백악기 후기,
아시아의 숲 속을 누비며 살았던 특이한 공룡이지요.

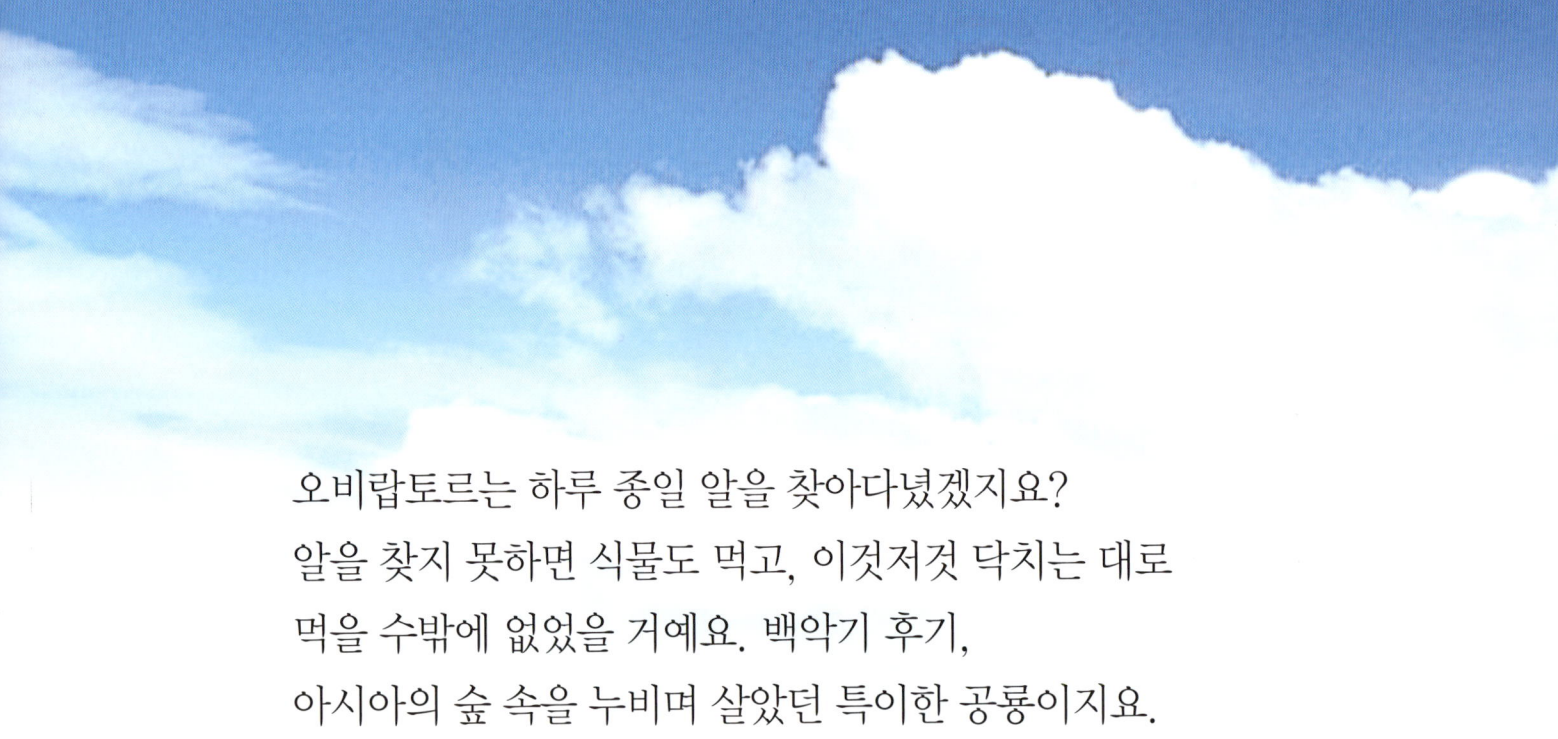

알을 훔쳐 간 오비랍토르는 이윽고 집으로 돌아왔어요.

오비랍토르들이 훔쳐 온 공룡 알을 맛있게 먹고 있었어요.

육식 공룡이 알을 도둑질한 오비랍토르를 혼내 주었어요.

알을 찾은 사우롤로푸스가 고맙다며 인사를 했어요.

이 름 : 바라누스 코모도엔시스
Varanus komodoensis
학 명 : 코모도 왕도마뱀
시 대 : 현재
지 역 : 인도네시아 순다 열도, 코모도 섬
식 성 : 육식
크 기 : 몸길이 약 1.8~3m
체 중 : 약 130~150kg
분 류 : 파충류

살아 있는 코모도 왕도마뱀
바라누스 코모도엔시스

공룡은 화석으로만 만날 수 있어요.
그런데 지금도 인도네시아의 코모도 섬에 가면
살아 있는 공룡을 만날 수 있어요.
바로 '코모도 왕도마뱀' 이라고 불리는 바라누스 코모도엔시스예요.

바라누스 코모도엔시스 —
이 긴 이름의 공룡은 몸길이가 3미터, 몸무게 150킬로그램 정도 되는 아주 사나운 육식 공룡이에요.
짧지만 튼튼한 다리로 재빨리 달리면서 동물의 썩은 고기를 주로 먹지요. 때로는 멧돼지나 사슴을 공격해서 잡아먹기도 해요.

아기 공룡이 파란 구슬을 삼키자 힘이 불끈 솟아났어요.

자, 이제 강 속의 공룡을 이길 수 있을 거야.

아기 공룡은 강 속에 살던 공룡을 물리쳤어요.

아기 공룡과 육식 공룡은 무사히 집으로 갈 수 있었어요.

바라누스 코모도엔시스는 거의 100년 동안을 살 수 있어요.
알을 낳기 위해 9미터까지 깊숙이 땅을 파기도 하니까,
오비랍토르가 지금 살아 있었다고 해도 찾을 수 없었을 거예요.
문제는 몰래 잡아가는 사람들 때문에 멸종 위기에 있다는 거예요.
그래서 안전하게 굴 속에서 살지만,
먹이를 찾으러 멀리까지 돌아다니기도 해요.

조금 더 알아봐요

우리나라의 공룡 화석지
보성 비봉리 공룡 알 화석지는 보존 상태가 거의 완벽한 공룡 알 및 둥지 화석이 완벽하게 보존되어 있고, 고성 공룡 화석지는 공룡 발자국 화석지로는 세계 최대의 규모다. 여수 공룡 화석지는 공룡들이 군집해서 살면서 낸 발자국 화석이 많이 있으며, 이 지역들은 모두 우리나라의 천연 기념물로 보존되고 있다.

공룡, 더 알고 싶어요 — 공룡의 나라, 아르헨티나와 중국

공룡 화석은 세계 곳곳에서 발견되고 있어요. 아프리카와 유럽 대륙을 비롯해서 남북 아메리카와 아시아 대륙에 이르기까지 여러 가지 종류의 공룡들이 지금도 계속 발견되고 있지요. 그 중에서 남아메리카의 아르헨티나와 우리나라와 가까운 중국에서 발견된 공룡들의 특징을 알아볼까요?

아르헨티나; 초식 공룡이 많이 살았어요

아르헨티나는 남아메리카에 있는 나라예요. 지도에서 한번 찾아보세요. 가장 무거운 공룡 중 하나인 아르헨티노사우루스는 바로 이 나라에서 화석이 발견됐어요. 나라 이름을 따서 붙인 거지요. 아르헨티나는 공룡 화석이 아주 많이 발견되는 나라예요. 건조한 지역이 넓게 퍼져 있어서 공룡이 살기 좋았다고 해요. 특히 이 지역에서는 아르헨티노사우루스처럼 몸집이 큰 초식 공룡들이 많이 살았답니다.

- **리오자사우루스** : 아르헨티나의 '라 리오자'에서 발견됐어요. 용각류 공룡의 조상이지요.
- **파타고사우루스** : 아르헨티나 남쪽에 있는 파타고니아에서 발견됐어요.
- **아르헨티노사우루스** : 무거운 몸을 지탱하기 위해서 등뼈를 서로 단단하게 연결하는 관절이 발달했어요.
- **살타사우루스** : 아르헨티나의 살타 지방에서 발견됐어요. 작은 판으로 된 돌기가 등을 덮고 있어요.

아시아의 공룡들

중국; 여러 가지 공룡이 살았어요

아르헨티나에 주로 초식 공룡이 많이 살았다면, 중국에는 여러 가지 종류의 공룡이 살았어요. 중국이라는 나라를 지도에서 한번 찾아보세요. 엄청 넓은 면적을 차지하고 있는 것을 알 수 있어요. 땅덩어리가 넓은 만큼 환경도 다양해서 그곳에 살았던 공룡의 종류도 다양했던 거예요. 몸집이 커다란 용각류, 뾰족한 골판이 솟아 있는 검룡류, 오리 주둥이처럼 생긴 조각류에 이르기까지 여러 가지 공룡의 화석이 발견됐어요. 또 한 가지 특징은 중국에서 발견된 공룡들에게는 대부분 발견된 지역의 이름을 붙였다는 거예요.

- **휴양고사우루스** : 골판과 가시가 솟아 있는 검룡류에 속해요. 초식 공룡이에요.
- **산퉁고사우루스** : 성질이 온순하고 무리 지어 생활하는 오리 주둥이 공룡이에요.
- **루펑고사우루스** : 원시적인 초기 용각류 공룡이에요.
- **친타오사우루스** : 가늘고 긴 볏이 있는 오리 주둥이 공룡이에요.
- **만추로사우루스** : 거대한 오리 주둥이 공룡으로, 중국에서 가장 먼저 이름이 붙여졌어요.
- **양츄아노사우루스** : 양춘 지방에서 발견된 육식 공룡이에요.
- **슈노사우루스** : 꼬리 끝에 뼈 뭉치가 있는 용각류 공룡이에요.